CAMBIOS**FUNDAMENTALES** **EN**GUITARRA**JAZZ**

Un estudiio en profundidad de los solos en ii V I mayor en Bebop

JOSEPH**ALEXANDER**

FUNDAMENTAL**CHANGES**

I0153327

Cambios fundamentales en guitarra jazz

Un estudiio en profundidad de los solos en ii V I mayor en Bebop

ISBN: 978-1-911267-31-7

Publicado por **www.fundamental-changes.com**

Derechos de autor © 2019 Joseph Alexander

Traducido por: E. Gustavo Bustos

El derecho moral de este autor se ha reconocido.

Todos los derechos reservados. Ninguna parte de esta publicación puede ser reproducida, almacenada en un sistema de recuperación de datos o transmitida en cualquier forma o por cualquier medio sin la previa autorización por escrito de la editorial.

La editorial no se hace responsable de los sitios web (o su contenido) que no sean propiedad del editor.

www.fundamental-changes.com

Contents

Introducción

"Practica el 2-5-1", dijeron. "Practica el 2-5-1 y todo te será revelado".

Yo tenía 18 años, estaba perdido y solo en la muy intimidante ciudad de Londres estudiando junto a algunos de los mejores guitarristas del mundo. Viviendo en una pequeña habitación en Perivale, con un propietario italiano poco fiable y pagando un alquiler desorbitado, sólo para poder asistir al programa de estudios en el *Guitar Institute*, la respuesta de Europa al *Berklee College of Music*. Escasamente podía pagar la comida pero no me importaba porque los secretos del jazz estaban a punto de ser revelados.

Tuve la suerte de estudiar con algunos de los mejores intérpretes del mundo en la universidad, además de tener una clase privada una vez por semana con Shaun Baxter, un pionero en el mundo del jazz fusión. Yo estaba motivado y me sumergí en mis estudios.

Desafortunadamente, para lo que no tuve tiempo fue para absorber la gran cantidad de material que se me lanzaba cada día.

Casi sin medios para mantenerme, tenía demasiada presión autoimpuesta para tener éxito y dejé la universidad por un año. Había estado tratando de incorporar cada pequeña pieza de teoría que se me había enseñado, toda de una vez. No estaba listo porque no entendía lo básico. Shaun me había dicho que estos conceptos me mantendrían ocupado durante años, pero no le hice caso y traté de hacerlo todo a la vez, a menudo en el espacio de 1 compás a 230 bpm.

Todavía tengo carpetas de material avanzado de sus lecciones que aún no he incorporado en mi música. Yo lo entiendo, seguro... pero, ¿está interiorizado y va a formar una parte integral de mi sonido mañana? No.

Después de dejar el *Guitar Institute*, tuve la suerte de pasar mi audición al *Leeds College of Music* donde tomé mi licenciatura en Estudios de jazz. Allí conocí a un instructor que cambió toda mi forma de pensar acerca de la música. Todos en Leeds parecían más musicales que en Londres. Más preocupados por los conciertos y por tocar y hacer un buen bullicio, que por sentarse en cuartos oscuros y evitar a las chicas.

En cinco frases simples Jiannis Pavlidis cambió toda mi forma de abordar la música:

"¿A quién te gusta escuchar? ¿Quién te mueve ahora mismo?"

"Pat Martino. Él tiene un tiempo increíble"

\<Jiannis se pone de pie en puntillas y alcanza hasta lo alto en el aire\> "allí es donde está Pat, ¿de acuerdo?"

"Por supuesto"

\<Jiannis se agacha cerca del suelo con el dedo a una pulgada del suelo\> "y este eres tú, ¿de acuerdo?"

\<Las lágrimas llenaron mis ojos\> "um..."

"Bien, bien, tú estás aquí comparado con Martino, ¡todos lo estamos! Pero lo que estás tratando de hacer es dar ese gran salto de una sola vez. Si intentas hacerlo de esa manera nunca tendrás éxito. PERO lo que puedes hacer es lo siguiente: \<extiende los dedos índice y pulgar dejándolos separados por una pulgada\> lo que PUEDES hacer es esta cantidad 100 veces y te prometo que llegarás allá. Ahora a estudiar...."

Nunca le di las gracias Jiannis por esa lección, y por eso este libro es para él.

Acerca de este libro

Lo estamos desglosando.

La progresión 2 5 1 o (ii V I) es la de la progresión de acordes más común en el jazz. Incluso cuando la armonía es estática todavía seguimos tocando 2 5 1's. Cuando la progresión de acordes dice 1 6 2 5 o 3 6 2 5 estamos tocando 2 5 1's. Vas a volverte muy bueno en eso.

Este libro asume que no tienes ningún conocimiento previo aparte de cómo tocar la guitarra en corcheas hasta cerca de 150 bpm. En vista que de que elegiste este libro (y gracias por hacerlo), estoy seguro de que ya sabrás algunos de los conceptos contenidos en él, pero por favor inicia desde el principio.

Vamos a empezar desde las simples notas **fundamentales** y a trabajar hasta que llegues a tocar arpegios extendidos de la sustitución de tritono, y a conectar todo con la ayuda de muchos pequeños trucos.

Al empezar a construir desde lo básico terminarás con una excelente visión de la guitarra, viendo las notas **fundamentales** y las extensiones alteradas de los acordes con significativa facilidad. Escribirás tus propias líneas (no sólo las robarás de las turbias fuentes de jazz de internet). Vas a escuchar estas ideas en la interpretación de los grandes, desde Parker y Django hasta Coltrane, Metheny y Martino. Aplicarás libremente estas ideas a través de múltiples centros tonales y serás capaz de improvisar libremente o con licks lo que haya en tu corazón.

Por encima de todo, sonarás auténtico, distintivo y articulado en tu instrumento. Espero que esa sea la razón por la que estás aquí.

Vamos a empezar.

Joseph Alexander

Información importante acerca de cada capítulo:

Cada capítulo es una lección. Todos los ejemplos de audio están disponibles en **http://www.fundamental-changes.com/audio-downloads** y se tocan lentamente y luego rápidamente. También hay tres pistas de acompañamiento para cada capítulo: lenta, media y rápida.

Antes de pasar a la siguiente lección deberías ser capaz de tocar cada ejemplo fluidamente sobre la pista de acompañamiento de velocidad media. SIN EMBARGO, el objetivo de este libro NO es únicamente que aprendas mis licks. El libro está diseñado para mostrarte cómo se deriva cada lick y para enseñarte a escribir los tuyos propios.

Así que…

asegúrate de entender de dónde vienen las notas que te muestro y, del capítulo 6 en adelante, asegúrate de escribir al menos cinco licks propios con base en los conceptos dados en cada capítulo.

Obtén el audio

Los archivos de audio de este libro se pueden descargar de forma gratuita en **www.fundamental-changes.com** y el enlace se encuentra en la esquina superior derecha. Sólo tienes que seleccionar el título de este libro en el menú desplegable y seguir las instrucciones para obtener el audio.

Te recomendamos descargar los archivos directamente a tu computador, no a tu tableta, y extraerlos allí antes de añadirlos a tu biblioteca multimedia. Luego, ya puedes ponerlos en tu tableta, iPod o grabarlos en un CD. En la página de descarga hay un archivo de ayuda en PDF y también ofrecemos soporte técnico a través del formulario de contacto.

Lección 1 - ¿Qué es un 2 5 1 y cómo se toca?

Este no es un libro de teoría. Tocar fue primero; la teoría vino después.

La teoría que necesitas conocer es la siguiente: la progresión 2 5 1 mayor se llama así porque tomamos un acorde construido en el **2do** grado (nota) de la escala, uno en el **5to** y uno en el 1ro (o **fundamental**).

Por ejemplo:

Estamos en la tonalidad de D mayor. Esta es la escala de D mayor.

D	E	F#	G	A	B	C#	D
1/ I	2 / II	3 / III	4 / IV	5 / V	6 VI	7 VII	1 / I

El acorde "2" es E, el "5" es A y el "1" (o **fundamental**) es D. A partir de ahora para evitar la confusión vamos a utilizar los números romanos para referirnos a estos acordes. 2 = ii, 5 = V y 1 = I.

ii V I en la tonalidad de D mayor = E - A - D

Cuando construimos un acorde de "7ma" de 4 notas en cada uno de estos "grados" de escala creamos esta progresión:

E menor 7 – A7 – D mayor 7

Esto a menudo se escribe en números romanos así: iim7 V7 Imaj7. Esta es la fórmula para una ii V I en todas las tonalidades mayores. Ahora esto puede ser tratado como el álgebra, pues no importa en qué tonalidad estamos, las relaciones entre los acordes son siempre las mismas.

Suficiente teoría por ahora. Veamos cómo tocar esto en la guitarra en la **figura y ejemplo de audio 1a.**

Esta simple progresión de acordes es la columna vertebral de cientos de melodías estándar de jazz; aparece en todas partes en la música popular y clásica también. Aprenderás rápidamente a escucharla y a reconocerla en el papel.

Ejercicio 1:

1) Escucha el ejemplo de audio.

2) Toca siguiendo el ejemplo y luego toca la idea con la pista de acompañamiento lenta.

3) Finalmente toca esta progresión sólo con el metrónomo manteniendo el tiempo.

4) Trata de mover esta progresión hacia arriba y abajo del diapasón para tocar en diferentes tonalidades.

5) Practica la idea con las tres pistas de acompañamiento hasta llegar a 180 golpes por minuto.

Necesitas sentirte cómodo con esta progresión, así que pasa algún tiempo practicándola.

1) Comienza lentamente con un rasgueo por compás tocando en el primer pulso.

2) Aumenta gradualmente la densidad de acordes tocando en los pulsos uno y tres.

3) Luego, prueba en los pulsos uno, dos, tres y cuatro.

4) También puedes intentar tocar sólo en los pulsos dos y cuatro.

5) O con un ritmo "pushed" como el mostrado en la **figura y ejemplo de audio 1b.**

Eso es todo por el capítulo 1. Escribe esta progresión; pruébala en diferentes lugares en el diapasón de la guitarra, ya que es la base para el resto de este libro.

Lección 2 - La base de los solos en la progresión de acordes ii V I

El jazz se desarrolló cuando la herencia musical de África y la música de protesta inherente al blues nacido de la esclavitud se mezclaron con la armonía y la instrumentación occidental. En las décadas de 1920 y 1930 Nueva Orleans tiene una afluencia masiva de instrumentos de banda de marcha exmilitares que fueron distribuidos entre una población de esclavos recientemente liberados.

Los músicos de jazz usan una mezcla de *arpegios* (acordes tocados una nota a la vez, por ejemplo, la **fundamental**, **3ra**, **5ta** y **7ma**) y *escalas* cuando tocan los solos en los cambios de acordes.

Es mucho más fácil tocar arpegios en estos "instrumentos de marcha"; (saxofones, trompetas, clarinetes) que tocar escalas. Así fue como se desarrolló el lenguaje del jazz.

Podríamos ver un solo de bebop como una gran cantidad de líneas de arpegio unidas entre sí por unas pocas notas de escala y cromáticas.

¿Cuáles arpegios debemos tocar y cómo empezamos a hacer música?

Para un acorde de 7ma menor tocamos un *arpegio de 7ma menor.*

Para un acorde de 7ma dominante tocamos un *arpegio de 7ma dominante.*

Para una 7ma mayor tocamos un *arpegio de 7ma mayor.*

Sencillo.

Vamos a empezar por aprender cómo pueden encajar estos arpegios en cada acorde en **la figura y ejemplo de audio 2a**:

Empieza desde la nota **fundamental** de cada arpegio y toca cada forma hacia arriba y hacia abajo. Es necesario memorizar estas formas.

Estos arpegios son simplemente las notas de los acordes tocadas una tras otra.

Cuando sientas que has aprendido y memorizado los arpegios mira **la figura y ejemplo de audio 2b**.

Nosotros sólo vamos a tocar la **fundamental** de cada arpegio sobre la pista de acompañamiento. La E en el acorde E menor, la A en el A7 etc. No omitas este paso ya que es extremadamente importante.

Cuando te sientas cómodo con eso estudia **la figura y ejemplo de audio 2c**. Esta vez estamos tocando la **fundamental** y la **3ra** de cada acorde.

La figura y ejemplo de audio 2d es la fundamental hasta la 5ta, y la figura y ejemplo de audio 2e es la fundamental hasta la 7ma.

Se paciente; esto tomará un poco de tiempo si nunca lo has hecho antes, pero pronto oirás cuando estés tocando el arpegio correcto sobre cada acorde.

Esta es una etapa muy importante ya que ahora estás tocando los arpegios apropiados sobre la progresión de acordes.

Lección 3 - Haciéndolo de forma invertida

Ahora puedes interpretar arpegios ascendentes sobre la progresión de acordes ii V I. Fue un gran esfuerzo y es más de lo que muchos músicos pueden hacer, así que reconoce tu logro.

Hasta ahora sólo has estado tocando desde la fundamental más baja de cada arpegio. A menudo hay más de una fundamental en cada posición en la guitarra. Trata de encontrar la otra fundamental (más alta) en cada arpegio, y luego toca sólo las fundamentales de cada acorde de nuevo como en la lección 1.

La **figura y ejemplo de audio 3a** muestra cómo hacerlo.

Si estudias a Miles Davis, uno de los músicos de jazz más importantes del mundo, él rara vez utiliza más de dos octavas y, a veces, nunca va más allá de una. Aunque tenemos muchas más notas disponibles en la guitarra, ¡es bueno recordar que no las necesitamos todas a la vez!

Cuando puedas tocar la fundamental de la octava más alta del acorde/arpegio en cada forma, pasa a tocar la **fundamental** y la **3ra**, la **fundamental**, la **3ra** y la **5ta**, y luego la **fundamental**, la **3ra**, la **5ta** y la **7ma** en negras en cada compás. Esto se muestra en las **figuras y ejemplos de audio 3b – 3d.**

b)

c)

d)

Ahora aprende estas melodías de forma descendente. Estamos trabajando para lograr la libertad melódica absoluta en nuestro instrumento, así que, de igual forma que aprendiste a ascender desde la fundamental una nota a la vez, vamos a aprender a descender de la misma manera.

En primer lugar, sólo **fundamentales** (como se vio anteriormente), luego **fundamentales** y **7mas** y luego **fundamentales**, **7mas** y **5tas**, y luego las cuatro notas del acorde.

Estudia las figuras y ejemplos de audio 3e (R, 7), 3f (R, 7, 5), y 3g (R, 7, 5, 3) para comprender esto. (R=fundamental o raíz)

e)

f)

g)

Aquí está la esencia de la lección: esta vez toca sólo la **3ra** de cada arpegio sobre los cambios de acordes. Esto te ayuda a alejarte de visualizar la fundamental como el punto de partida para todas tus improvisaciones. A la larga, cuando estamos improvisando casi nunca empezamos desde la fundamental de un arpegio.

La **figura y ejemplo de audio 3h** muestra cómo tocar sólo la **3ra** de cada acorde.

Las **figuras y ejemplos de audio 3i** y **3j** muestran el mismo proceso para centrarse en las **5tas** y **7mas**.

i)

Em7 — A7 — Dmaj7

j)

Em7 — A7 — Dmaj7

Visualiza cada nota en relación con cada acorde sobre el cual estás tocando.

Lección 4 - Arpegios desde las 3ras, 5tas y 7mas

En nuestra última lección nos centramos en tocar sólo las **3ras**, **5tas** y **7mas** de nuestros arpegios. Si lo lograste en una semana estás por encima del promedio. Si te llevó más tiempo está bien, logra hacerlo bien antes de seguir adelante. Esto es fundamental para nuestra interpretación bebop así que vale la pena pasar un tiempo en esa importante idea.

En esta lección estamos buscando empezar desde cualquiera de nuestros tonos de acorde y continuar a través del arpegio. Es posible que hayas comenzado a mirar esta idea por tu cuenta, ya que es una progresión lógica desde donde estábamos.

Continuando con nuestro enfoque estructurado; la **figura y ejemplo de audio 4a** muestra cómo tocar desde la **3ra** de la octava más baja en cada arpegio y luego continuar ascendiendo por la forma.

La **figura y ejemplo de audio 4b** muestra esto desde las **5tas**, y la **figura y ejemplo de audio 4c** lo muestra desde las **7mas**.

c)

Cuando te sientas capaz, intenta las ideas descendiendo desde las **3ras**, **5tas** y **7mas** en las octavas más altas, como se muestra en las **figuras y ejemplos de audio 4d-f**.

d)

e)

f)

Tan pronto como te sientas seguro de que puedes tocar los arpegios ascendentes y descendentes desde cualquier nota, reproduce la pista de acompañamiento lenta y simplemente deja que tus dedos paseen alrededor de los arpegios.

Intenta cambiar a la nota más cercana que veas en el arpegio siguiente y continuar a través de la siguiente forma cuando el acorde cambie. Esto se hará más difícil, pero divertido, a medida que gradualmente empezarás a escuchar algunas líneas bebop clásicas que comenzarán a formarse como por arte de magia bajo tus dedos.

No te preocupes si aún no puedes hacer esto; será cubierto en gran detalle en el capítulo 6.

Resumen

Hemos cubierto una gran cantidad de material: ahora puedes empezar desde cualquier punto de cualquier arpegio y continuar ascendiendo o descendiendo a través de la forma. También puedes tocar un tono apropiado en el siguiente arpegio. Sé que esto ha requerido de mucho trabajo, nadie dijo que iba a ser fácil, ¡pero créeme cuando te digo que esto es grandioso! Ahora ya puedes tocar los cambios de jazz...

Pasa algún tiempo tocando con los arpegios sobre la pista de acompañamiento lenta y piensa en la melodía.

Lección 5 - Poniéndole sabor al dominante

En la música, el **acorde V7** o *dominante,* a menudo conduce al **acorde I** y es visto por los músicos como un punto de tensión en cualquier progresión de acordes. Esta tensión se resuelve por el movimiento al acorde fundamental que le sigue.

En esta progresión de acordes, nuestro acorde **V7** (**A7**) es la tensión que exige atención. El acorde I (**D mayor 7**) es nuestro punto de resolución. Los músicos de jazz saben que debido a que el acorde V7 es de por sí tenso, podemos añadir tanta tensión como queramos, siempre y cuando se resuelva muy bien en el acorde I. Estamos añadiendo algo de sabor.

La primera manera de aprender a poner más tensión en nuestro acorde V es mediante la eliminación de la nota **fundamental** (la "A") y reemplazándola con la nota "Bb", la cual está un semitono por encima de la **fundamental** y crea un sabor más auténtico.

Hay un gran truco para esto, y es bastante simple. En lugar de tocar un arpegio **A7** vamos a tocar un *arpegio Bb disminuido 7.* Contiene las notas Bb, C#, E y G. El arpegio **A7** original contenía A C# E y G, así que sólo estamos cambiando una nota. Esto es más fácil de ver en la siguiente tabla:

Arpegio A7	A	C#	E	G
Arpegio Bb Disminuido	Bb	C#	E	G

Tienes que aprender este nuevo arpegio en el contexto del acorde **A7** que estudiaste en la lección 1:

Bb Diminished Arpeggio

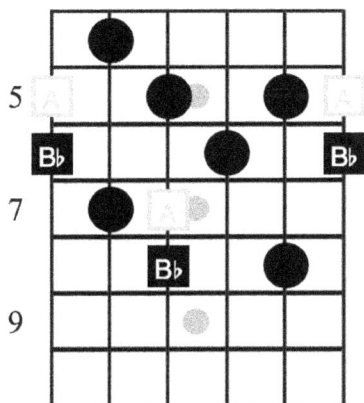

No toques los puntos cuadrados; simplemente visualízalos como la fundamental del acorde A7. El siguiente ejemplo (5a continuado) te muestra cómo suena esta idea sobre la progresión ii V I completa en movimiento:

Em7   A7   Dmaj7

Bb Diminished 7 Arp

Una vez que te sientas cómodo empezando el arpegio en el Bb (**b9** de A) repite los ejercicios de los capítulos anteriores tocando el arpegio en la **3ra**, **5ta** y **b7ma** del **A7**, siempre tocando el Bb en lugar de la A. Practica estas ideas de forma ascendente y descendente.

Las **figuras y ejemplos de audio 5b** y **c** muestran cómo tocar desde las **3ras** de cada acorde ascendiendo o descendiendo. Te será de gran provecho averiguar las **5tas** y **7mas** tú mismo (si necesitas ayuda, hiciste un ejercicio muy similar con las figuras **4a-f**) Haz esto en dos octavas.

Em7   A7   Dmaj7

Em7   A7   Dmaj7

Esto es menos difícil de lo que parece, pero tomará un poco de práctica para que tus dedos se muevan por las formas. Si te sirve de consuelo, este es uno de los sonidos más importantes y auténticos en el bebop y vale la pena pasar unas cuantas semanas para lograr dominarlo.

Lección 6 - Tocar los cambios

¡Estupendo! Estamos tocando a través de nuestras progresiones con la habilidad de iniciar en cualquier punto del arpegio, ascender o descender, tocar un nuevo tono de arpegio en el primer pulso del siguiente compás, y luego poner tensión en el acorde **V7** usando una nota Bb en lugar de una A. Esta nota Bb sobre el "**A7**" técnicamente se llama un **bemol 9** o "**b9**".

¡Mientras todo esto toma forma podrías estar teniendo dificultades para hacer que las cosas suenen musicales! Después de todo, estamos moviéndonos de un lado para otro todo el tiempo y no estamos realmente generando esas líneas fluidas que se escuchan en los discos. Eso es lo que vamos a aprender en esta lección.

Básicamente vamos a dejar que nuestros dedos den un paseo por las formas de arpegio y, en vez de saltar a un intervalo en particular cuando el acorde cambie, vamos a apuntarle a la nota más cercana del siguiente arpegio. Esto se ha mencionado brevemente en los capítulos anteriores, pero aquí es donde realmente llegamos a comprender el concepto.

La **figura y ejemplo de audio 6a** es un buen primer ejemplo:

En el ejemplo anterior ascendemos por el **arpegio E menor 7** desde la **fundamental** terminando en el D (**b7**) en el pulso 4. La nota más cercana del siguiente acorde es **C#** (**3ra**) del **A7**. Ascendemos el **arpegio Bb disminuido** hasta que alcanzamos el **Bb** (b9 de A) y luego resolvemos en la **A** (**5ta**) del **D mayor 7ma** y descendemos por el arpegio. Ahí lo tenemos: una línea de jazz en negras.

La **figura y ejemplo de audio 6b** da un ejemplo de cómo utilizar las ideas descendentes.

Empieza en la **G (b3)** del arpegio E menor. Desciende hasta la **B (5ta)** y luego apúntale a la **Bb (b9 de A7)** del arpegio Bb disminuido 7. Desciende a la **C# (3ra de A)** y resuelve un semitono arriba en la **fundamental de D mayor 7ma**.

Intenta la **imagen 6c**; sólo formas ascendentes a partir de la nota más cercana en cada cambio:

Imagen 6d sólo descendiendo:

Imagen 6e asciende en una forma y desciende en la siguiente:

Imagen 6f descendente y luego ascendente:

Imagen 6g este patrón:

Imagen 6h este patrón:

Imagen 6i – sólo improvisando – intenta con corcheas:

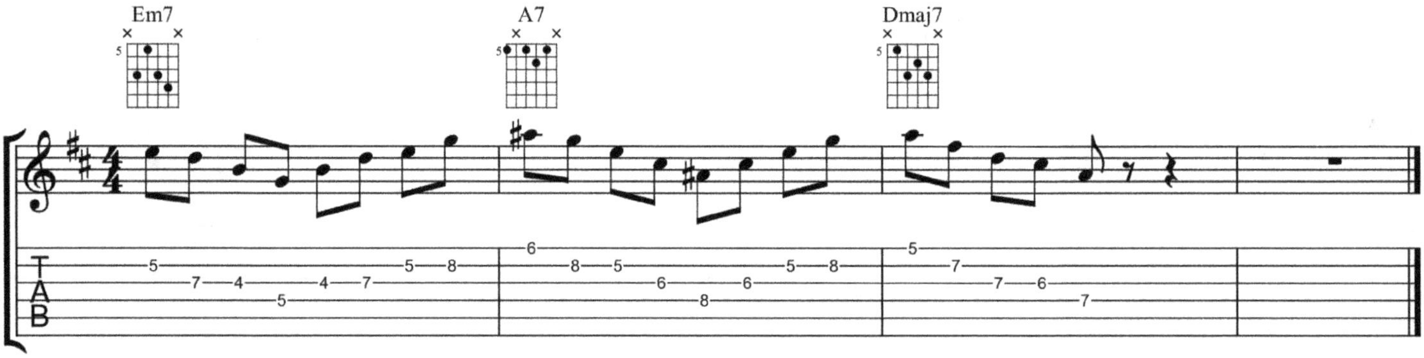

Resumen

Ahora estás improvisando con arpegios sobre acordes y, lo más importante: estás tocando los cambios. Aquí es donde la melodía comienza a tomar forma y oficialmente estás tocando jazz. Pasa algún tiempo aquí antes de seguir adelante.

Estas ideas se dan para estimular tu creatividad. Cualquiera de los patrones o formas anteriores podría comenzar en cualquiera de los tonos de arpegio de la progresión, generando prácticamente infinitas posibilidades de líneas de jazz. Simplemente no dejes que esto te perturbe. Cuando yo estaba en esta etapa, este concepto se presentó en realidad como un ejercicio auditivo: lo que está sucediendo realmente es que estás entrenando tus oídos para encontrar las notas "base" en cada acorde. Al final simplemente dejarás de pensar y permitirás que tus oídos y tus hábitos de práctica te guíen.

Lección 7- Conectar los puntos: notas de paso cromáticas

Ahora estamos tocando a través de la progresión con la habilidad de comenzar en cualquier punto del arpegio, ascender o descender el arpegio, apuntarle a tonos de arpegio cercanos en el primer pulso del compás, y poner tensión en el acorde V7 usando una nota Bb en vez de la A.

En el jazz hay una gran cantidad de *cromatismo*. El cromatismo es simplemente usar notas de fuera de la escala base.

Es muy fácil aplicar cromatismo a nuestros solos conectando nuestras formas de arpegio con las notas que se encuentran entre dos formas de arpegio sucesivas.

Esto es más fácil de oír y de ver que tratar de describirlo, así que lee y escuchar la **figura y ejemplo de audio 7a**.

Comience en la **fundamental** del arpegio **E menor 7** y asciende 3 notas a la **5ta** (B). Deberías ver que la **3ra** de nuestro acorde **A7** (C#) está un tono por encima, en el 6to traste. En vez de continuar a través del arpegio **E menor 7,** vamos a llenar el vacío en el pulso 4 con la nota C natural, usándola como una nota de aproximación cromática a la C# en el pulso 1 del **A7**. Continuamos tres notas hacia arriba del arpegio A7 hasta el **b7** (G). Esta vez vamos a apuntarle a la **5ta** (A) de nuestro arpegio **D mayor 7ma**. Esto es un poco más difícil de ver, pero podemos llenar el vacío entre la G y la A con una G# en el 4to traste en la 1ra cuerda. Luego resolvemos en la A del **D mayor 7ma** en el pulso 1.

"Llenar los vacíos" es un sonido sumamente importante en el jazz. Cuando entiendas este concepto tus solos inmediatamente comenzarán a sonar auténticos e interesantes. De hecho, cuando estamos tocando 4 notas por compás como en este caso, puedes tocar una nota cromática en el pulso 4, precediendo a cualquier cambio de acorde. Si estás tocando 8 notas por compás, trata de colocarla en la última corchea.

Intenta la **figura y ejemplo de audio 7b**:

En el ejemplo anterior empezamos en la **b3** del arpegio **E menor 7** y descendemos 3 notas hasta que estemos en el **b7**. – Con suerte verás que la **3ra** del acorde **A7 (C#)** está un semitono por debajo de nuestro dedo pero tenemos un pulso más para llenar en el **E menor 7**. En lugar de bajar hasta la **5ta** del **E menor 7**, vamos a tocar el **C natural** en su lugar. Esta nota está un semitono por debajo de la nota objetivo que es **C#** y si la tocamos justo antes de nuestro cambio de acorde suena fantástico. Esto se conoce como *encajonamiento (boxing in)*.

También puedes poner una nota de aproximación *de escala* o *cromática* antes de un tono de **E menor 7**. La **figura y ejemplo de audio 7c** es un ejemplo con 4 notas por compás. Inicia con una nota de aproximación antes de la **fundamental** de **E menor 7**, una nota de aproximación a la **b9** del acorde **A7** y una nota de paso cromática entre el **A7** y el **D mayor 7ma**. Esto crea un sonido bebop complejo.

Cómo practicar este importante concepto:

Estudia las ideas dadas anteriormente para ayudarte a entender los sonidos y las ideas detrás de los movimientos. Toca muy lentamente con negras a través de los cambios, tocando 3 notas del arpegio correcto en los 3 primeros pulsos.

En el cuarto compás, si estás a un semitono (1 traste) de distancia de tu tono de acorde objetivo, en el compás siguiente toca una nota que esté a un semitono en el otro lado de la nota objetivo y luego resuelve en el pulso uno encajonando como se muestra en la **figura y ejemplo de audio 7d**:

Si en el pulso 3 estás a un tono de distancia de tu próxima nota objetivo, llena el vacío cromáticamente como en el compás 2 de la **figura y ejemplo de audio 7e**:

Recuerda que tienes notas tanto por encima como por debajo a las cuales apuntar en tus cambios. La **figura y ejemplo de audio 7f** muestra que puedes descender o ascender desde el mismo punto de partida.

Pasa todo el tiempo que puedas cada día simplemente explorando las posibilidades ofrecidas mediante la adición de notas de aproximación cromáticas a tu interpretación. Cuando te sientas cómodo, empieza a tocar corcheas y siempre coloca la nota cromática en la última nota del compás.

Un ejemplo podría ser la **figura y ejemplo de audio 7 g**:

Gradualmente aumenta la velocidad (Hay pistas de acompañamiento con 3 velocidades diferentes). Naturalmente vas a favorecer ciertos movimientos y patrones de notas objetivo que empezarán a formar hábitos o "licks" a los cuales vas a seguir retornando. Esto es algo que se debe fomentar.

Nunca caigas en la tentación de pensar que necesitas ser capaz de hacer que todas las opciones estén disponibles para ti en todos los puntos de tu solo. Incluso los mejores intérpretes a menudo tienen un número limitado de formas de tocar a través de los cambios y puedes oír estos licks apareciendo una y otra vez en su interpretación.

Por último, escribe las ideas que te gusta tocar (en especial con corcheas) para mantener un registro. Algún día sobrepasarás estas ideas, pero es genial seguir volviendo a las ideas que te animaron cuando aprendiste.

Lección 8 - La escala bebop

Una idea común en el jazz y en especial el bebop, es ascender una figura de arpegio y descender con una escala. Cuando los musicólogos analizaron los solos de los grandes músicos de jazz se encontraron con que a menudo las ideas de escalas similares se utilizaban para descender. Ellos lo llamaron *"La escala bebop"*. A Charlie Parker y Pat Martino les gusta mucho esta técnica.

La escala bebop es una escala de 8 notas y se forma añadiendo una **7ma natural** al modo mixolidio.

La **figura y ejemplo de audio 8a** muestra los intervalos y la notación del modo mixolidio en A:

A mixolidia	A	B	C#	D	E		G	A
Intervalos:	1	2	3	4	5	6		8/1

A Mixolydian

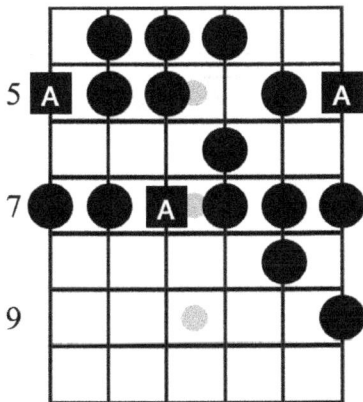

Si bien esta escala suena muy bien sobre **E menor 7** y **A7**, suena aún mejor cuando se toca con la **7ma natural** bebop.

La **figura y ejemplo de audio 8b** muestra los intervalos y la notación de la escala mixolidia bebop en A:

A mixolidia bebop	A	B	C#	D	E	F#	G		A
Intervalos	1	2	3	4	5	6	b7	7	

A Mixolydian Bebop

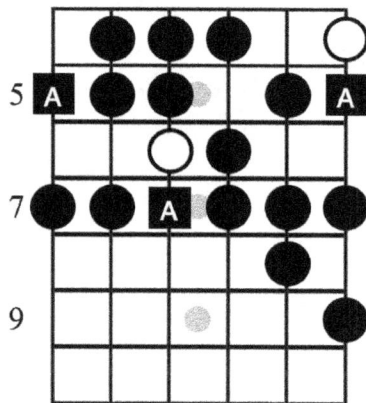

Esta escala funciona bien por dos razones; tiene todos los tonos de acorde de nuestro acorde **E menor 7** (E G B D) y del acorde **A7** (A C# E G). También tiene 8 notas en la escala por lo que, teniendo en cuenta que la música de jazz muy a menudo se toca con corcheas o semicorcheas, llena el espacio disponible a la perfección.

La práctica de la escala bebop.

Cuando te sientas cómodo tocando la escala bebop de forma ascendente y descendente, deberías incorporar de inmediato este sonido en tu práctica. Por ahora vamos a omitir el acorde **D mayor 7ma** y simplemente tocaremos sobre la parte ii V de la progresión.

Nuestra única regla es comenzar desde un tono de arpegio de cada acorde de forma que, comenzando lógicamente, vamos a tocar la escala bebop desde la **fundamental** de **E menor 7** y a ascender 8 notas. La siguiente nota ascendiendo la escala es la **5ta** (E) de **A7**. Toca esa nota en el pulso 1 y luego desciende por la escala como en la **figura y ejemplo de audio 8c**.

¿Puedes ver que la nota bebop **(G#)** cae en un pulso inacentuado? Eso es exactamente lo que queremos, de lo contrario, el G# chocará con el G natural de los acordes. Este ejemplo también funciona bien de forma descendente como se muestra en la **figura y ejemplo de audio 8d**.

La **figura y ejemplo de audio 8e** muestra esto desde la **3ra** del E menor ascendente. Una vez más, el G# siempre está en el pulso inacentuado.

Cuando llegamos a tocar la escala bebop desde la **5ta** de **E menor 7**, encontramos una pequeña dificultad pues la nota bebop ahora cae en el pulso. Esto no es deseable, así que la **figura y ejemplo de audio 8f** muestra una forma de redistribuir las notas para poner el G# en el pulso inacentuado.

Finalmente, la **figura y ejemplo de audio 8g** ilustra unas ideas ascendentes y descendentes desde el **b7** del **E menor 7**; redistribuyendo las notas de nuevo para que el G# no esté en el pulso y así podamos aún tocar un tono de arpegio de **A7**.

A estas alturas ya deberías estar absorbiendo el sonido de esta escala en tus oídos y empezando a sentir cómo poner siempre el G# en un pulso inacentuado. ¡Es hora de empezar a tocar!

Reproduce la pista de acompañamiento lenta y deja que tus dedos den un paseo por la escala bebop sobre la progresión ii V. Siempre apúntale a colocar el G# en un pulso inacentuado (¡tú sabrás cuando no lo hagas!).

Aquí hay algunas ideas para la práctica.

Empieza desde los pulsos 2, 3 o 4 del **E menor 7ma** mostrado en la **figura y ejemplo de audio 8h**: mira cómo esto afecta tu colocación del G# y la capacidad de tocar los tonos de acordes apropiados.

Comienza con un tono que no sea de acorde en un pulso inacentuado moviéndote a un tono de escala en el pulso para lograr un sonido bebop bastante auténtico como en la **figura y ejemplo de audio 8i**.

Sólo desciende por la escala bebop desde diferentes tonos de acorde como en la **figura y ejemplo de audio 8j**. Trata de comenzar en diferentes pulsos.

La combinación de estas ideas con los arpegios y notas de aproximación cromáticas es tu siguiente lección.

Lección 9 - Combinar arpegios con la escala bebop

Hemos hecho bastante trabajo con los arpegios y con la escala bebop. Ahora es el momento de combinar estos dos recursos para lograr un sonido musical y articulado. Para lograrlo vamos a empezar por ascender con arpegios desde cada tono de acorde y luego descender con la escala bebop. Este es un sonido común y puedes utilizarlo para escribir tus propias líneas y licks.

De nuevo empezamos nuestro enfoque estructurado ascendiendo el arpegio **E menor 7** desde la **fundamental** hasta **b7**. Luego, descendemos 4 notas con la escala bebop para caer en "G", la **b7** de **A7**. Ascendemos el arpegio Bb disminuido hasta la octava de la **b7** (G) y luego descendemos con la escala bebop para caer en la **7ma** mayor del acorde **D mayor (C#)**, finalmente bajando de un salto a la A para lograr un verdadero sabor bebop.

Esto se muestra en la **figura y ejemplo de audio 9a**.

A continuación comenzamos en la **b3** del **E menor** (G) y ascendemos el arpegio hasta la **5ta** (B) y descendemos la escala bebop de nuevo hasta que llegamos a la **b7** del **A7**. Descendemos el arpegio Bb disminuido hasta la **b9** de **A7** y continuamos bajando escalarmente con la escala bebop con un poco de rebote a la **3ra de D Mayor**. Estudia la **figura y ejemplo de audio 9b**.

La **figura y ejemplo de audio 9c** es otro ejemplo desde la **3ra de E menor** que llega a la **3ra de A7** y un patrón de nota de aproximación cromática hacia la **3ra** del **D mayor**:

La **figura y ejemplo de audio 9d** asciende desde la **5ta** de **E menor 7**, asciende el arpegio desde la **5ta** hasta la **3ra**, toca la **A** en la cuerda superior y desciende la escala bebop hasta la **5ta** de **A7** (E). Aquí tocamos una nota de aproximación cromática hacia la **3ra** y descendemos a través de la **b9** y de la escala bebop con pequeño e interesante salto cromático hasta la **3ra** del **D mayor 7**.

La **figura y ejemplo de audio 9e** es un ejemplo desde la **b7** del **E menor**: asciende el arpegio desde **b7** hasta **b3**, desciende la escala bebop. Cromáticamente aproxímate a la **5ta** del acorde **A7** (E), asciende el arpegio Bb disminuido hasta la **5ta** nuevamente y desciende hasta la **5ta** del acorde **D mayor 7**.

Te he dado uno o dos ejemplos para cada tono de arpegio, pero espero que estés ansioso por crear tus propias líneas y hacer que tu propia interpretación sea única y fluida.

¿Cómo puedes ser creativo con este importante concepto?

Una etapa importante es aprender y tocar las líneas anteriores con seguridad, ya que son un magnífico lugar para comenzar. Hay una razón por la cual escribí la teoría que hay detrás de la construcción de las líneas; es para que entiendas lo que está sucediendo a nivel técnico, para ayudarte a desarrollar tu propio sonido.

Ten paciencia y determinación para aprender y comprender estas líneas antes de emprender tu propio viaje de descubrimiento.

Cuando yo estaba escribiendo estas ideas me senté con mi guitarra y me dije: "Bien, ¿qué sucede cuando asciendo 4 notas con un arpegio y desciendo con una escala bebop?" Luego pasé algún tiempo averiguando algunas líneas. No me ceñí a esta regla estrictamente como verás si realmente estudias las líneas anteriores. Sin embargo, este fue mi punto de partida y todo se desarrolló de forma natural a partir de allí.

Cuando estés escribiendo tus propias líneas, ¿qué tal estas ideas para ayudarte a arrancar?

Asciende 3 notas con un arpegio y desciende la escala bebop. Asciende 4, asciende 5, etc.

Omite intervalos, en lugar de 1, b3, 5, b7, prueba con 1, 5, b3, 7. **Figura y ejemplo de audio 9f:**

Omite los intervalos 1 – 5 y luego desciende la escala bebop. **Figura y ejemplo de audio 9 g:**

Añade patrones de notas de aproximación cromáticas, **figura y ejemplo de audio 9h:**

Comienza en el pulso 2, el pulso 3 o el pulso 4.

Toca una nota de aproximación cromática en el pulso inacentuado antes de tu primer tono de arpegio, **figura y ejemplo de audio 9i:**

Hay muchas combinaciones posibles así que, por ahora, sólo debes elegir una idea a la vez. Si te gusta anótala, hay hojas de música pautadas en blanco al final de este libro para que puedas empezar, y un montón de recursos gratuitos en línea para imprimir tus propias hojas.

Recuerda, no hay manera de meter todas las ideas en cada lick. Mantén las cosas simples por ahora y trata de pensar en esta lección como una oportunidad para interiorizar el sonido de la escala bebop en conjunto con los arpegios.

Lección 10 - Arpegios extendidos (3-9)

Mencioné en los capítulos anteriores que los músicos de jazz a menudo no tocan la fundamental del acorde sobre el cual están tocando un solo. La fundamental se toca normalmente por el bajista o, a veces, también por otros instrumentos armónicos.

Hoy vamos a estar buscando una manera de tocar arpegios que sustituyan a la fundamental del acorde con la **9na** del acorde.

¿Qué es una 9na?

Para dar brevemente algunos antecedentes de esta idea (sin mucha teoría), veamos la escala de D mayor que discutimos en el capítulo 1 – pero ahora vamos a extenderla hasta 2 octavas:

D	E	F#	G	A	B	C#	D	E	F#	G	A	B	C#	D
1	2	3	4	5	6	7	1/8	9	3	11	5	13	7	1

Mira la segunda octava. En esta octava más alta, si una nota está contenida dentro del acorde original (**D mayor 7ma**) todavía se le dice una **3ra** o una **5ta** o una **7ma**, pero a las otras notas del medio se les llama extensiones; estas son nuestras **9nas**, **11vas** y **13vas**. Tienen un sonido rico e interesante cuando se tocan sobre los acordes originales, pero a menudo buscan algún tipo de resolución en un tono de acorde cercano.

Aquí muestro como formar un arpegio extendido en **D mayor**: comienza en la **3ra** del acorde, **F#**. Omite la G y debes caer en **A**. Omite otra nota y tocas **C#** y, finalmente, omite una nota de nuevo y tocas la nota **E**. Como puedes ver arriba, la nota E es la **9na** nota de la escala de **D mayor** y suena magnífica y rica contra nuestro acorde original **D mayor 7ma**. Todavía estamos tocando 3 notas del acorde de **D mayor 7ma,** pero ahora estamos tocando la **9na** en lugar de la **fundamenta**l.

Escucha este arpegio extendido contra el acorde **D mayor 7ma** en la **figura y ejemplo de audio 10a.**

Podemos repetir este proceso contra el acorde **E menor 7**.

Comenzando desde la **3ra** tenemos las notas G B D y F# (F# es la **9na**) como en la **figura y ejemplo de audio 10b**.

Finalmente, repitámosla con el acorde **A7**, pero aún vamos a utilizar la **b9** del arpegio disminuido para ese auténtico sabor bebop. Esto nos da C# E G y Bb (Bb es la **b9**), esto se muestra en la **figura y ejemplo de audio 10c**.

En los primeros 9 capítulos hice énfasis en aprender siempre los arpegios de acordes a partir de la **fundamental**. Cada vez que aprendas a tocar solos en una nueva melodía de jazz, siempre empieza por tocar arpegios ascendentes y descendentes basados en la **fundamental**. Pasa a estos arpegios extendidos solamente cuando hayas comprendido este concepto plenamente. De esta manera siempre puedes visualizar y escuchar "la base" en el diapasón de la guitarra.

Una vez que hayas aprendido las formas puedes experimentar tocando estos arpegios extendidos 3ra-9na ascendiendo sobre la progresión ii V I como en la **figura y ejemplo de audio 10d**. Pasa un tiempo interiorizando esto. Una vez más, esto es fundamental para todos los solos de jazz. Comienza con la pista de acompañamiento más lenta al principio. Cuando puedas tocar esto sobre la pista de acompañamiento, toca el ejercicio sólo con un metrónomo y sin acompañamiento.

Cuando te sientas cómodo intenta tocar los arpegios descendentes desde la **9na** a la **3ra**, primero con las pistas de acompañamiento y luego sólo con un metrónomo. Estudia la **figura y ejemplo de audio 10e**.

Es el momento de añadir la escala bebop a nuestro arpegio ascendente **3ra-9na** de. Si has hecho tu tarea en los capítulos anteriores, esto no debería ser muy difícil. ¡Suenas más como Charlie Parker! Echa un vistazo a la **figura y ejemplo de audio 10f**.

(Hit the 9ths of D Maj7)

Puedes comenzar en la **5ta**, ascender a la **9na** y luego descender la escala bebop. Mantente atento a la pequeña oscilación para hacer que la nota bebop se produzca en el pulso inacentuado sobre el **A7** en la **figura y ejemplo de audio 10g**.

La **figura y ejemplo de audio 10h** vuelve a introducir las notas de paso cromáticas.

La **figura y ejemplo de audio 10i** ilustra patrones de arpegio y notas de aproximación cromáticas y la escala bebop, todo en un solo lick.

Espero que estés comprendiendo la idea. Si no es así, revisa los capítulos anteriores y vuelve aquí cuando estés más cómodo con los conceptos de esas lecciones. Ya estamos sonando mucho más ricos y complejos armónicamente. Mira las ideas como conceptos para investigar cómo escribir tus propias líneas.

Una manera útil para practicar es tocar solos sobre un acompañamiento improvisado de un acorde.

Cuando estés cómodo con estas ideas en **E menor 7** pasa al **A7** y luego al **D mayor 7ma**. Finalmente, trata de aplicar una estructura melódica sobre toda la progresión.

Pronto empezarás a escuchar las **9nas** con la misma facilidad que escuchaste las **fundamentales**. Esta es una etapa clave en el aprendizaje del bebop pues el descubrimiento de este concepto fue un enorme hito en el desarrollo del jazz en la década de 1940.

Para saber si has interiorizado plenamente estas ideas deberías ser capaz de tocarlas de memoria sobre las pistas de acompañamiento. No solo eso; deberías ser capaz de construir tus propias líneas a partir de los conceptos discutidos y ser capaz de ver o escuchar cada nota que toques como una extensión del acorde subyacente.

Lección 11 - Arpegios extendidos (5 -11)

Ahora vamos a extender los arpegios para incluir la **11va** de nuestros acordes.

En el capítulo anterior comenzamos en la **3ra** de cada acorde y saltamos hasta la **9na** en la siguiente octava. Esta vez estamos tocando desde la **5ta** y saltando hasta la **11va**.

Mira este diagrama para **D mayor 7ma** de nuevo:

D	E	F#	G	A	B	C#	D	E	F#	G	A	B	C#	D
1	2	3	4	5	6	7	1/8	9	3	11	5	13	7	1

Comienza en la A (la **5ta**), omite B y toca C#. Omite D y toca E (la **9na**), omite F# y toca G.

Las notas que estás tocando ahora sobre el acorde **D mayor 7ma** son A C# E y G. Las notas originales del acorde son A y C#, la **5ta** y la **7ma**. El E y el D son las extensiones **9** y **11**.

Cuanto más nos extendamos desde los tonos de acorde originales, menos se escuchan las notas que describen la armonía subyacente. Este es un arma de doble filo ya que, por un lado, estamos tocando armonías más ricas e interesantes, pero por el otro, podemos perder la fuerte relación acorde/arpegio que es tan importante en el jazz.

Un mensaje de precaución: a menudo en los acordes de **7ma** mayor y de **7ma** dominante la **11va** es sustituida por una **#11va**. Esto se debe a que la **11va** natural está sólo a un semitono de distancia de la importante **3ra** mayor del acorde, es decir, G contra F# en D mayor y puede entrar en conflicto, dando una tensión no resuelta en contra del acorde original.

Como tienes que comenzar en alguna parte, en esta lección vamos a estar tocando la **11va** natural en el acorde tónico y en el dominante **(A7)**. ¡Toca un poco con estas ideas, ya que sin duda es mejor tener una opción! Si tus oídos te guían a la **#11** entonces tócala!

Veamos las notas de los arpegios extendidos 5 - 11 para nuestra progresión de acordes ii V I.

E menor 7	B	D	F#	A
Intervalos	5	b7	9	11

A7	E	G	Bb	D
Intervalos	5	b7	b9	11

D mayor 7	A	C#	E	G
Intervalos	5	7	9	11

Las **figuras y ejemplos de audio 11a - 11c** muestran arpegios ascendiendo y descendiendo sobre cada acorde.

La **figura y ejemplo de audio 11d** muestra arpegios 5-11 ascendentes sobre la progresión ii V I.

La **figura y ejemplo de audio 11e** muestra esto de forma descendente.

La **figura y ejemplo de audio 11f** muestra una idea nueva; arpegios alternados ascendentes y descendentes.

Pasar un tiempo dejando que tus dedos se muevan por los arpegios extendidos y en busca de la nota más cercana a la cual apuntar cuando los acordes cambian por debajo de ti, (como lo hicimos en el capítulo 4).

Cuando te sientas cómodo con estas figuras puedes empezar a añadir todos los recursos melódicos que discutimos en los capítulos anteriores, tales como las escalas bebop descendentes, los patrones de notas de aproximación cromáticas, los saltos de intervalos que comienzan en diferentes pulsos, y cualquier cosa adicional que tus oídos te digan.

Algunas ideas se muestran en las **figuras y ejemplos de audio 11 g - j**. En algunos ejemplos he dado una alternativa con una **#11** sustituida por la 11 natural para permitirte escuchar las opciones.

Obviamente algunas de nuestras ideas de práctica se repetirán a medida que nos fijemos en cada arpegio extendido. Una vez que hemos estudiado estas ideas, simplemente ignoramos las que no nos gustan. ¡Por lo menos estamos tomando decisiones musicales informadas!

Por ejemplo, me encanta escuchar **5ta – 11va** y **b7 – 13** (capítulo siguiente) en el acorde **E menor 7**.

Me gusta **3ra – 9na** en el **D mayor 7** y una variedad de ideas diferentes en los acordes de **7ma** dominantes.

En algunos capítulos voy a darte una nueva perspectiva sobre los solos sobre acordes dominantes y serás libre de elegir entre muchas variaciones diferentes, ¡así que vamos a seguir estudiando!

¡Toma tu tiempo! Ve despacio y desarrolla la libertad de tocar lo que oyes y de tomar decisiones musicales específicas.

Para saber si has interiorizado plenamente estas ideas deberías ser capaz de tocarlas de memoria sobre la pista de acompañamiento más rápida. No solo eso; deberías ser capaz de construir tus propias líneas con los conceptos discutidos y ser capaz de ver o escuchar cada nota que toques como una extensión del acorde subyacente.

Lección 12 - Arpegios extendidos (7-13)

Vamos a explorar los arpegios extendidos desde la **7ma** a la **13va** en nuestros cambios. Este es uno de mis sonidos favoritos tanto sobre el acorde **E menor 7** y como el **A7**. También combina muy bien con la escala bebop para proporcionar una rica fuente de líneas melódicas.

D	E	F#	G	A	B	C#	D	E	F#	G	A	B	C#	D
1	2	3	4	5	6	7	1/8	9	3	11	5	13	7	1

Comienza en la **b7** de E menor (D) y luego salta a F#, A y C#; estos arpegios se muestran con sus extensiones resultantes en las siguientes tablas:

E menor 7	D	F#	A	C#
Intervalos	b7	9	11	13

A7	G	Bb	D	F#
Intervalos	b7	b9	11	13

D mayor 7	C#	E	G	B
Intervalos	7	9	11	13

Más tarde, es posible que quieras estudiar los acordes de 7ma mayor y de 7ma dominante con **#11s** (hay algunos ejemplos incluidos).

Las **figuras y ejemplos de audio 12a - c** muestran cada arpegio extendido individual tocado sobre su acorde asociado.

Las **figuras y ejemplos de audio 12d- f** muestran estas ideas tocadas de forma ascendente, descendente y alternante sobre la progresión ii V I.

Como siempre, pasa un tiempo dejando que tus dedos exploren los arpegios extendidos en busca de la nota más cercana a la cual apuntar cuando cambia la armonía. La **figura y ejemplo de audio 12g** muestra una posible forma de hacerlo.

Deberías dar tanta importancia a estas ideas extendidas como lo hiciste con el aprendizaje de las ideas en los primeros capítulos. Personalmente, pasé semanas o incluso meses en estos conceptos y todavía los practico en cada nueva melodía que aprendo. Los arpegios extendidos son, literalmente, la diferencia entre tocar bebop y Bach. Luego, aprende cómo se articulan estos arpegios con la escala bebop y las notas de aproximación cromáticas. Al igual que con los arpegios **5 – 11**, voy a incluir un par de **#11s** en el acorde base para mostrarte algunas posibilidades.

La **figura y ejemplo de audio 12h** es una idea que comienza en la **b7** de **E menor**, utilizando la escala bebop y tocando la **b7** de **A7** antes de ascender el arpegio **D mayor 7** desde la **7ma** a la **13va** (tocando la **#11: G#**).

La **figura y ejemplo de audio 12i** ilustra notas de aproximación cromáticas en un patrón descendente **13 – 7**, una escala bebop ascendente a la **b9** de **A7**. Continúa con el patrón **7 – 13** antes de descender a un arpegio **3 – 9** en el **D mayor 7**:

La **figura y ejemplo de audio 12j** hace uso de la octava superior del **E de 7ma- 13va menor**. Intenta esto con **11** y con **#11** sobre el **D mayor 7ma**.

Resumen

El **7-13** es una parte enorme del vocabulario bebop. Se utiliza constantemente y es un enfoque extremadamente idiomático. Tu meta debería ser dominarlo con el mayor número de licks y conceptos diferentes como sea posible con base en una combinación de este arpegio con la escala bebop.

Es vital escribir tus propios licks y memorizarlos. Tócalos cada vez más rápido con un metrónomo hasta que sean habituales en tu vocabulario. Deberías seguir adelante sólo cuando puedas ver cada nota que toques como una extensión del acorde sobre el cual estás tocando.

Lección 13 - El concepto del arpegio más cercano

Este capítulo trata sobre la generación de melodías. Una vez más, reitero que si nunca has tratado los conceptos mencionados en los capítulos anteriores, probablemente debió haberte tomado un par de meses para interiorizar los sonidos, las formas y la sensación de tocar estos arpegios extendidos sobre tu ii V I.

La idea de esta lección es enseñarte cómo construir melodías y absorber todas las posibilidades de arpegios que ahora se encuentran en tus dedos. Haremos esto moviéndonos a la nota más cercana en el siguiente arpegio cuando cambiemos de acorde y continuamos nuestra línea de forma fluida sobre los cambios.

Cuando tocamos 4 (u 8) notas subiendo con un arpegio y llega el momento de cambiar de acordes, lógicamente, sólo tenemos tres posibilidades para tocar el tono más cercano en el acorde siguiente:

1) Descender al tono más cercano.

2) Ascender al tono más cercano.

3) Repetir el mismo tono ya que se encuentra en los dos acordes.

Una vez que hayamos tomado esa decisión, entonces tenemos dos opciones más:

1) Ascender el siguiente arpegio.

2) Descender el siguiente arpegio.

3 x 2 nos da 6 posibilidades para continuar con nuestra línea melódica; sin embargo, debido a que estamos tocando en un rango limitado de nuestro instrumento, a menudo no es posible ascender o descender aún más en el diapasón.

Seis son demasiadas posibilidades para manejar, así que esta lección se centrará en primer lugar en un solo concepto.

¡Desciende a la nota de acorde más cercana y procede en una dirección que le parezca apropiada a tus oídos!

Es muy fácil quedar atrapado en la gran cantidad de permutaciones, que podemos perder de vista el objetivo principal: tocar una melodía.

El secreto es que si cambias el acorde a una extensión, entonces normalmente descenderás el siguiente arpegio; si cambias el acorde a un tono de arpegio, entonces con frecuencia lo más adecuado será ascender el siguiente arpegio. Una nota final: es extremadamente útil tocar muy fuerte los tonos de acorde/extensiones que estés tocando sobre cada acorde. Inténtalo o, incluso mejor, ¡cántalo!

La **figura y ejemplo de audio 13a** empieza en la nota más baja en esta posición; la **5ta** de **E menor 7** (B). Asciende el arpegio **5-11**. Desciende a la **b7** de **A7** y asciende el **b7-13**. Desciende a la **9na** (E) de **D mayor 7** y desciende a la 3ra.

En la **figura y ejemplo de audio 13b** ascendemos **E menor 7** desde el **b7 – 13**, descendemos a la **b9** de **A7**, luego ascendemos a la **b7**. Caemos hasta la **3ra** de **D mayor 7** y finalmente descendemos a la **5ta**.

La **figura y ejemplo de audio 13c** asciende el **E menor 7** desde la **fundamental**, cae a la **3ra** de **A7**, asciende a la **b9**, cae a la **5ta** de **D mayor 7** y desciende a la **7ma**.

La **figura y ejemplo de audio 13d** asciende desde la **3ra – 9na** de **E menor**, asciende el **5-3** en **A7** y luego desciende **13 – 7** (a través de **#11**) en el **D mayor 7**.

Un pequeño truco para variar la **figura y ejemplo de audio 13e**: asciende **5-11** en el **E menor 7**, desciende **13-b7** en el **A7** (aunque técnicamente **b7** está más cerca) luego asciende **3-9** en el **D mayor 7**.

Esa es la idea; toca con estos conceptos tanto como quieras y luego intenta convertirlos en licks agregando notas de aproximación cromáticas, etc. Tócalas con las pistas de acompañamiento. La **figura y ejemplo de audio 13f** muestra cómo puedes convertir el ejemplo anterior en algo mucho más melódico:

53

Cuando te sientas seguro con estas ideas, trata de elegir otra "regla" de la lista anterior. Por ejemplo, ¿qué tal si desciendes desde las extensiones más altas y luego asciendes a la siguiente nota de arpegio como en la **figura y ejemplo de audio 13 g?**

Recuerda que este es sólo un ejercicio para ayudarte a tener un mapa del diapasón. Una vez que tengas una secuencia que te guste, toca con ella, decórala y hazla musical. Deberías sentir que estás generando melodías.

Lección 14 - Tonos guía

Los tonos guía son un recurso simple pero muy importante al tocar solos a través de cualquier tipo de melodía.

Cuando hablamos de tonos guía nos referimos específicamente a la **3ra** y la **7ma** de cualquier acorde. Los tonos guía son tan importantes porque cuando los tocamos literalmente definimos el acorde. De hecho, sólo hay dos acordes que comparten los mismos tonos guía.

Por ejemplo, la **b7ma** en **A7** (G) también podría ser la **3ra** mayor en el acorde de **Eb7**. El **b7** del **Eb7** (Db) es la misma nota que la **3ra mayor** en A7 (C#). Vamos a explorar esta idea en detalle en el siguiente capítulo.

A estas alturas deberías saber dónde están las **3ras** y **7mas** en cada acorde, hemos tocado arpegios ascendentes (extendidos) que comienzan en estos dos tonos.

Tu primer ejercicio es simplemente tocar sólo los tonos guía sobre la progresión ii V I. Primero toca las **3ras** y **7mas** en las octavas más bajas como en la **figura y ejemplo de audio 14a:**

En segundo lugar, toca 7 – 3 en las octavas más bajas como en la **figura y ejemplo de audio 14b:**

En seguida, búscalas en las octavas más altas como en las **figuras y ejemplos de audio 14c - d.**

Por último, adopta un enfoque de nota más cercana, moviéndote al tono guía más cercano a medida que los acordes cambian en la ii V I. Deberías probar esta idea con grupos de cuatro cuerdas, primero las cuatro superiores, luego las cuatro del medio y después las cuatro cuerdas graves. Hay muchas combinaciones posibles, pero yo sólo mostré una idea posible para cada agrupación

Figuras y ejemplos de audio 14e - g.

Em7   A7   Dmaj7

Usando los tonos guía deberías escuchar cómo defines el acorde con cada cambio. Un excelente ejercicio es apagar la pista de acompañamiento, poner un metrónomo y tocar los solos únicamente con tonos guía. Deberías escuchar la armonía.

Delinear la armonía de esta manera es importante. Esto significa que sin importar qué tan "afuera" o cromáticamente toques, siempre puedes volver y tocar un tono guía en el pulso uno de un nuevo acorde, y tus líneas siempre tendrán sentido armónica y melódicamente.

Otro ejercicio que está un poco fuera del alcance de este libro sería tocar tonos guía y una extensión, por ejemplo: **b3, b7, 9** en un acorde menor, **3, b7, b9** en uno dominante y **3, 7, 9** en un acorde mayor. Mira la **figura y ejemplo de audio 14h:**

Em7   A7   Dmaj7

Pruébalo con la progresión ii V I y también utilízalo como uno de tus primeros ejercicios cuando aprendas a tocar un solo sobre un tema nuevo.

Es vital que aprendas a definir cada acorde que toques con tonos guía.

Resumen

Los tonos guía son un recurso simple pero muy importante al tocar solos a través de cualquier tipo de melodía. Son una de las primeras cosas que deberías practicar la hora de aprender una nueva progresión.

Lección 15 - La sustitución de tritono

En el capítulo anterior nos fijamos en los tonos guía y en lo útiles que son para definir cualquier acorde. Al comienzo del capítulo 1 hice hincapié en que sólo pueden haber dos acordes que compartan los mismos tonos guía, y di el ejemplo de **A7** y **Eb7** que comparten tonos guía. Este es un principio fundamental en el jazz y merece un estudio serio.

Veamos una vez más el ejemplo de **A7** y **Eb7**. Estos dos acordes son de 7ma dominante y la distancia entre sus **fundamentales** es una **b5** (3 tonos). Esto se llama un *tritono*.

Acorde	3ra	b7
A7	C#	G
Eb7	G	Db (C#)

Si tenemos en cuenta que Db y C# son enarmónicos de la misma nota, entonces es fácil ver que **Eb7** y **A7** tienen exactamente los mismos tonos guía. Observa que la **3ra** de **A7** se convierte en la **b7** de **Eb7** y la **3ra** de **Eb7** se convierte la **7ma** de **A7**.

Esta relación entre los tonos guía siempre ocurre en la música, y puede ser descrita por la siguiente regla:

"Dos acordes **de 7ma dominante** comparten los mismos tonos guía cuando están separados por una distancia de una **b5**".

¿Por qué esto es tan importante?

En el capítulo anterior demostré que las notas más importantes de cualquier acorde son la **3ra** y la **b7**. Siempre que sepamos cómo apuntarle a estas notas podemos tocar casi cualquier cosa sobre un acorde y aún mantener nuestra melodía cerca de la armonía subyacente haciendo referencia a ellas.

Este concepto fue descubierto por los músicos de jazz de la década de 1940 y ahora todos los músicos de jazz lo utilizan plenamente. El lugar instintivo para comenzar era tocar un arpegio **Eb7** en lugar del arpegio **A7**: esto nos da el nombre de "la sustitución de tritono" ya que estamos sustituyendo nuestro acorde dominante original por uno que está a un tritono (**b5**) de distancia.

La **figura y ejemplo de audio 15a** es el diagrama del diapasón del arpegio **Eb7**. A partir de ahora vamos a explorar las posibilidades de este arpegio tocado sobre la armonía **A7** original. Es importante recordar que en todos los ejemplos, el acorde **A7** se seguirá tocando en las pistas de acompañamiento.

The Tritone Substitution

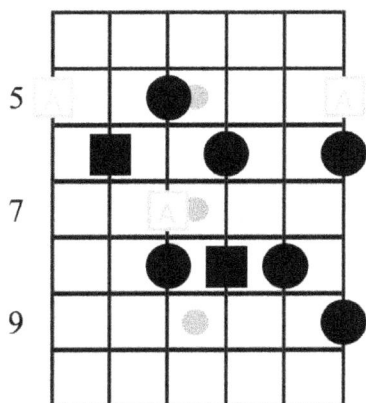

¿Qué notas/intervalos estamos tocando ahora sobre el acorde A7?

El acorde sonando debajo de nosotros sigue siendo un **A7**. Esto significa que estaremos escuchando las notas del arpegio **Eb7** sobre una nota A **fundamental**. Verás en la siguiente tabla que esto nos da algunas tensiones interesantes sobre el acorde dominante original:

Tono de Arpegio de **Eb7**	Eb	G	Bb	Db / C#
Intervalo desde A	b5	b7	b9	3

Es de esperar que ahora te resulte claro que cuando tocamos el arpegio **Eb7** sobre la armonía **A7**, tocamos los intervalos melódicos **b5/#11, b7, b9** y 3. En otras palabras, nuestros dos tonos guía importantes y dos extensiones de buen gusto.

Aprender a tocar la sustitución de tritono.

Cuando te sientas cómodo tocando esta forma de arpegio de **Eb7**, aplícala a la progresión ii V I en el acorde V tocando primero solamente la **fundamental**, luego la **fundamental** y la **3ra**, luego la **fundamental**, la **3ra** y la **5ta** y finalmente, la **fundamental, la 3ra, la 5ta** y la **b7** como se muestra en las **figuras y ejemplos de audio 15b - e.**

Deberás esforzarte, pero persevera. También practica las ideas que descienden desde la octava más alta.

Cuando te sientas cómodo tocando el arpegio desde la **fundamental - b7**, concéntrate en tocar las **3ras**, luego las **5tas** y **b7**s como se demuestra en las **figuras y ejemplos de audio 15f - h.**

La última etapa del proceso es dejar que tus dedos exploren libremente los arpegios utilizando la pista de acompañamiento ii V I más lenta, y encuentren la nota más cercana posible en el siguiente arpegio para tocar en los cambios. Yo recomendaría que te ciñas a aprender estas "vías" sobre una pequeño grupo de 3 cuerdas como se muestra en:

Las **figuras y ejemplos de audio 15i - k**. Sólo pasa al siguiente grupo de 3 cuerdas cuando sientas que hayas agotado todas las posibilidades.

Vamos a trabajar con este concepto durante los próximos 3 capítulos. Una vez más, esta lección contiene una enorme cantidad de información. Te sugiero pasar mucho tiempo aquí interiorizando el sonido y encontrándolo bajo tus dedos.

El tiempo invertido aquí mejorará tu oído melódico y reforzará estas formas en tu mente.

Lección 16 - La sustitución de tritono - Parte 2

En la lección 15 comenzamos la exploración del importante sonido de la sustitución de tritono. Continuamos ahora combinando el arpegio de 7ma dominante (construido sobre el tritono del acorde "V" original) con notas de aproximación cromáticas y notas de paso y la escala bebop.

En lugar de llevarte paso a paso como lo hice en los capítulos anteriores, ahora será beneficioso aplicar "ingeniería inversa" a los licks para ilustrar algunas posibilidades melódicas útiles.

Aprende a tocar la **figura y ejemplo de audio 16a**. Comenzamos con una idea en torno a un arpegio **11-5** descendente en el acorde **E menor 7**. Luego, deslizamos arriba hacia la **5ta** del arpegio **Eb7**. Observa cómo utilicé cromatismo para mantener las notas de arpegio en los pulsos inacentuados del compás. La línea se resuelve en la **9na** del acorde **Dmaj7**.

Ahora estudiemos la **figura y ejemplo de audio 16b**. Comenzamos con una figura en torno al arpegio **b7-13** en el **E menor 7** y descendemos a través de la escala bebop con una pequeña figura cromática con saltos antes de apuntarle a la **3ra** mayor del arpegio **Eb7**. Ascendemos con cromáticas antes de descender el arpegio para resolver en la **fundamental** del acorde **Dmaj7**.

La **figura y ejemplo de audio 16c** es una línea que usa la escala bebop tanto en el acorde **E menor 7** como en **A7**. Sobre **E menor 7** la combinamos con arpegios **b7-13** y **b3-9**, y sobre el acorde **A7** la mezclamos con un arpegio **Eb7** descendente antes de resolver en la **3ra** de **Dmaj7**.

La **figura y ejemplo de audio 16d** combina arpegios **9-b3** y **13-b7** descendentes sobre el **E menor 7** antes de deslizar hacia la **fundamental** Eb de la sustitución de tritono. Añadimos una nota de aproximación cromática "de blues" antes y después de la **b7**, y otro patrón de nota de aproximación cromática hacia la **5ta** del **Dmaj7**.

La **figura y ejemplo de audio 16e** utiliza cromatismo en pulsos inacentuados sobre el **E menor 7** antes de deslizar hacia un salto de una sexta sobre el acorde **A7**. Descendemos el arpegio **Eb7** hacia la **5ta** de **D mayor 7**.

Finalmente, la **figura y ejemplo de audio 16f** demuestra un patrón ascendente sobre nuestros cambios. Con demasiada frecuencia terminamos siguiendo los cambios melódicamente hacia la resolución. Este ejemplo muestra que pensando un poco podemos movernos en la otra dirección. Sobre **E menor 7** tocamos una idea basada en el arpegio **5 – 11** descendente. Sobre **A7** movemos este patrón un semitono hacia arriba para esbozar el acorde **Eb7** y luego sobre **Dmaj7** utilizamos una figura **7 – 13** descendente que incluye el **#11**.

Las líneas anteriores representan una buena sección transversal de las ideas de sustitución de tritono bebop comunes. Deberías ser capaz de ver cómo las creé combinando los conceptos tratados en los capítulos anteriores.

Resumen

Es importante ser capaz de aplicar ingeniería inversa a los licks de esta manera, y una vez hayas entendido estas ideas será el momento de adentrarse en la práctica y desarrollar la libertad melódica en tu instrumento. En particular, vuelve atrás y concéntrate en los capítulos 7, 9 y 13, aplicando los conceptos incluidos allí a las ideas de arpegio de sustitución de tritono de este y el anterior capítulo.

Entra en la disciplina de escribir tus ideas y aprenderlas con una pista de acompañamiento lenta para que puedas escuchar los cambios desarrollándose con tu melodía. Una vez que comiences a tener una línea bajo tus dedos, toca con una pista de acompañamiento más rápida. Cuando estés cómodo con eso, tócalas sólo con un metrónomo. Todavía deberías ser capaz de oír los cambios articulados en tu interpretación.

Todavía no hemos terminado con el concepto de sustitución de tritono, pero este es un buen lugar para consolidar tu interpretación por un tiempo. No olvides seguir practicando las ideas expuestas anteriormente en el libro también. Los arpegios extendidos sobre el acorde **A7** que descubrimos en los capítulos 10 - 12 siguen siendo importantes y suenan muy bien.

¿Cómo sabes si estás listo para seguir adelante?

Sé paciente, ve despacio y sólo pasa al siguiente capítulo cuando estés tocando mis licks y tus propias ideas con confianza sobre la pista de acompañamiento ii V I de velocidad media.

Deberías seguir adelante sólo cuando puedas ver cada nota que toques como una extensión del acorde sobre el que estás tocando.

Lección 17 - Extensiones de la sustitución de tritono - Parte 1

Hay una gran lección Pat Metheny rondando en Internet. Él da una lección privada y menciona que si analizas prácticamente todos los solos de John Coltrane, son *acordes dominantes con sustituciones de tritono, con todas las extensiones disponibles todo el tiempo.*

Busca "Pat Metheny Guitar Lesson Part III" en YouTube.

Vamos a explorar este concepto.

Del mismo modo que tocamos extensiones de nuestro arpegio **A7** original; (las **b9**s, **11**s y **13**s), ahora podemos extender el arpegio **Eb7** sustituido para tocar sus **9nas**, **11vas** y **13vas**. ¡Extender hasta la **9na** en particular, crea unas líneas de muy buen gusto!

Cuando tocamos este arpegio extendido sobre nuestro acorde **A7** original, estas son las tensiones que se escuchan:

Tonos de arpegio 3-9 de Eb7 extendido	G (**3**)	Bb (**5**)	Db/C# (**b7**)	F (**9**)
Intervalos desde A	b7	b9	3	#5/b13

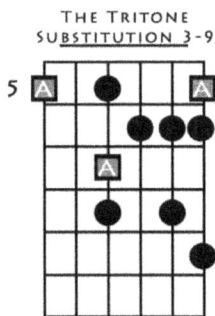

La **figura y ejemplo de audio 17a** muestra la extensión **3ra – 9na** de Eb7 sobre casi dos octavas. Observa cómo se adapta muy bien bajo tu mano en la octava inferior. Vamos a empezar por tocar arpegios **3-9** sobre cada acorde en la progresión como se muestra en la **figura y ejemplo de audio 17b**.

Observa cómo las notas de las cuerdas B y G descienden semitono a semitono desde **E menor 7** hasta llegar a **Dmaj7**. Un ejemplo muy rápido en el uso de este concepto se muestra en la **figura y ejemplo de audio 17c:**

Como siempre, practica la búsqueda de vías sobre los cambios utilizando sólo las formas **3-9** en una octava. Utiliza negras para reforzar el movimiento melódico. Una posible ruta a través de los cambios podría ser la **figura y ejemplo de audio 17d:**

Cuando te sientas cómodo intenta las ideas en la octava más alta, tal vez como en la **figura y ejemplo de audio 17e**.

Trabaja en buscar tantas vías como sea posible.

No voy a ocultar que esta es mi forma favorita de tocar a través de la progresión ii V I. Es mi sonido "de arranque" por defecto si estoy teniendo dificultades con los cambios en una nueva melodía.

Las **figuras y ejemplos de audio 17f - h** te dan algunos licks basados en esta idea. Estos combinan la escala bebop con notas de aproximación cromáticas y todo lo que vimos antes. Estúdialos y escribe unos propios. Sólo siéntate con tu instrumento y crea una línea con los elementos básicos que hemos discutido.

Escríbelo y memorízalo en tu guitarra. Tócalo sobre cambios rápidos e interiorízalo. Es tu línea y te pertenece. Has estudiado mucho para ganarla.

¿Cómo sabes si estás listo para seguir adelante?

Se paciente, ve lentamente y sólo avanza al siguiente capítulo cuando estés tocando mis licks y tus propias ideas cómodamente sobre la pista de acompañamiento ii V I de velocidad media.

Deberías seguir adelante sólo cuando puedas ver cada nota que toques como una extensión del acorde sobre el que estás tocando.

Lección 18 - Extensiones de la sustitución de tritono - Parte 2

Este capítulo examina la siguiente extensión de la sustitución de tritono: **5 – #11**.

Recapitulando, hemos superpuesto un arpegio de **Eb7** sobre nuestro acorde **A7** original y ahora estaremos tocando los arpegios extendidos de eso.

Estamos construyendo un arpegio extendido desde la **5ta** del arpegio **Eb7** hasta llegar al **#11**. Si nos fijamos en este arpegio de forma aislada, da la casualidad de ser un arpegio de **7ma menor/mayor** y está construido a partir de la **5ta** de la sustitución de tritono de nuestro acorde **A7** original. ¡Pero esa no es la forma de pensar sobre las cosas!

Esto es ahora sólo una forma para ti y ofrece opciones de notas que de otro modo podrías no haber tocado. Como siempre, deja que tus oídos te guíen. La musicalidad siempre es lo primero.

¿Por qué **#11** y no sólo un **11** natural? Sin entrar en demasiada teoría, estos intervalos proceden de una escala llamada "*La escala alterada*" que no tiene una 11 natural; sólo tiene una **#11/b5**, así que eso es lo que estamos utilizando aquí.

Cuando tocamos este arpegio sobre la armonía subyacente de **A7**, los intervalos que se imponen son los siguientes:

Tonos de arpegio **5 - #11** de **Eb7** extendido	Bb (5)	D b / C # (b7)	F (9)	A (#11)
Intervalos desde A	b9	3	#5 / b13	Fundamental

La **figura y ejemplo de audio 18a** es el diagrama del diapasón del arpegio extendido **5- #11** de **Eb7**:

The Tritone Substitution
5 - #11

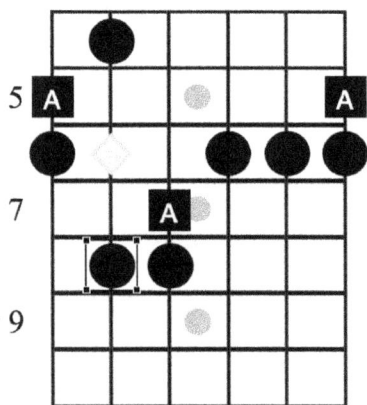

Esta forma se adapta muy bien sobre 2 octavas y suena muy bien en los registros más bajos. Como siempre, vamos a empezar por aprender primero la forma y luego tocarla lentamente en el contexto de nuestra ii V I en D mayor.

Vamos a empezar por tocar arpegios **5-11** ascendentes y descendentes sobre toda la progresión utilizando ambas octavas donde podamos. Estudia la **figura y ejemplo de audio 18b.**

Cuando te sientas cómodo, trata de limitar los arpegios **5 – 11** a sólo grupos de 3 cuerdas y luego encontrar las vías más cercanas entre ellos.

Las **figuras y ejemplos de audio 18c - e** son sólo tres de las muchas posibilidades.

Una vez que hayas interiorizado esta idea, trata de tocar cualquier extensión de los arpegios **E menor 7** o **D mayor 7**, pero cíñete a tocar el mismo tritono **5 - #11** en el acorde **A7**. La **figura y ejemplo de audio 18f** es sólo un enfoque de "tono más cercano" posible:

Por último, aquí hay tres licks que combinan la escala bebop y las ideas cromáticas con el arpegio **Eb7** extendido **5 - #11**. Aprende las **figuras y ejemplos de audio 18g - i.**

Como siempre, analiza las líneas y mira dónde se toca la escala bebop A7. Busca patrones cromáticos en pulsos inacentuados que se aproximen a notas de arpegio en el pulso.

Sé paciente, ve lentamente y sólo avanza al siguiente capítulo cuando estés tocando mis licks y tus propias ideas cómodamente sobre la pista de acompañamiento ii V I de velocidad media.

Lección 19 - Extensiones de la sustitución de tritono - Parte 3

El último arpegio extendido es desde la **b7** a la **13** en la sustitución de tritono de **Eb7**.

Estos son los intervalos de la extensión **b7 – 13** de **Eb7**, y las tensiones que crean sobre el acorde original **A7**:

Tonos de arpegio **b7 – 13** de **Eb7** extendido	D b / C # (**b7**)	F (**9**)	A (**#11**)	C (**13**)
Intervalos desde A	3	#5 / b13		#9 / b3

La **figura y ejemplo de audio 19a** muestra el diagrama del diapasón de esta forma.

The Tritone Substitution
b7 - 13

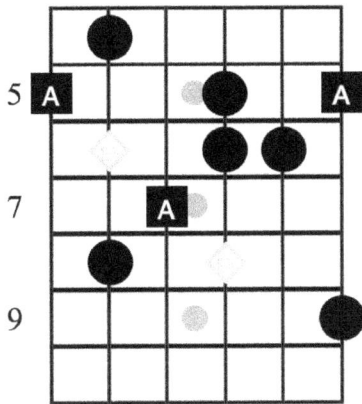

Vamos a tocar a partir de la **fundamental** de cada arpegio sobre la progresión ii V I, es decir, toca desde E – D en **E menor 7**, luego, a partir Db - C en nuestro arpegio extendido, y desde D - C# en el arpegio **D mayor 7**.

Esto es más fácil de aprender y tocar que leerlo en el papel, así que memoriza esta idea sobre dos octavas en la **figura y ejemplo de audio 19b:**

Cuando estés seguro con eso puedes tocar las extensiones **b7-13** sobre cada arpegio (Db-F en el **Eb7**) como en la **figura y ejemplo de audio 19c.** Practica esto de forma descendente también.

La **figura y ejemplo de audio 19d** muestra los arpegios **5 – 11** que se están tocando (con el arpegio **b7 - 13** de **Eb7** tocado desde la **5ta** sobre **A7**). Esta vez sólo se muestra la versión ascendente. Asegúrate de aprender la descendente también.

Por último, puedes utilizar esta idea con arpegios **7 - 13** y tocar C – A en el **A7** como se muestra en la **figura y ejemplo de audio 19e**. Siempre aprende estos ejemplos de forma ascendente y descendente.

Esto es obviamente una gran cantidad de trabajo, pero la idea es que debes cubrir todas las posibilidades. No hay duda de que vas a conocer estas formas completamente. Mi consejo es encontrar lo que sea cómodo y aferrarse a ello. Si es difícil de tocar, entonces no lo toques. Hay tantas formas simples aquí que producen grandes tensiones, ¡¿por qué gastar tiempo forzando tus dedos hacia patrones a los que no quieren ir?!

Al pasar horas aprendiendo cosas que no son naturales para ti, te "encierras" en tocar esas ideas. Esto inhibe la estimulación al momento de la improvisación y frena tu progreso. Encuentra un equilibrio. - Joe Pass.

Como siempre, comienza a improvisar libremente sobre los cambios limitándote a sólo 3 cuerdas y a buscar la nota más cercana en el siguiente arpegio. Cíñete a la extensión **b7-13** de **Eb7** sobre **A7**, pero puedes tocar todo lo que encuentres en el **E menor 7** y el **Dmaj7**. Echa un vistazo a las **figuras y ejemplos de audio 19f - h**. Recuerda que hay muchas maneras posibles para tocar estos cambios.

Este ejercicio debería formar una gran parte de tu práctica y te permite tocar de forma espontánea.

Por último, ¡condimenta todo con cromáticas y escalas bebop y ya está! Echa un vistazo a las **figuras y ejemplos de audio 19i - k:**

Estudia las líneas anteriores para ver dónde estoy añadiendo las notas externas, y luego crea las tuyas propias.

En el siguiente capítulo veremos cómo poner todo junto sobre los cambios de tonalidades. ¡Ya casi llegamos!

Deberías avanzar sólo cuando puedas ver cada nota que toques como una extensión del acorde sobre el que estás tocando.

Lección 20 - Cambio de tonalidades

Una cosa que sabes sobre el bebop es que a menudo cambia las tonalidades. Incluso cuando permanece en una tonalidad por un tiempo relativamente largo (8 compases o algo así) habrá oportunidades para tocar licks ii V I mayores e ideas "superpuestas" sobre los cambios originales. En este capítulo vamos a aprender un método de práctica para que tomes tus licks existentes y los toques en otras tonalidades.

Comienza con cualquier lick que sepas, asegúrate de que empieza en un tono de acorde y no en una extensión. Vamos a seguir con este lick por un tiempo, así que asegúrate de que es algo con lo cual estés muy cómodo.

Elegí la **figura y ejemplo de audio 20a**. Este ejemplo empieza en la **b7** de **E menor 7**:

Mira la **figura y ejemplo de audio 20b**. Presta especial atención a las formas de acordes que se ilustran por encima de la notación.

Toca la progresión de acordes usando las mismas formas de los diagramas. Como puedes ver, inicialmente tocamos la progresión ii V I original en la tonalidad de D mayor, y luego se traslada directamente arriba en el diapasón para convertirse en una ii V I en la tonalidad de F mayor.

Toda la técnica para desbloquear tu diapasón es visualizar cada una de tus líneas alrededor del primer acorde del ii V I. Por ejemplo, cuando toco el acorde de **E menor 7**, puedo ver que el lick de ejemplo desde **b7** comienza un tono por debajo de mi segundo dedo. Toco el lick sobre el primer ii V I y luego visualizo la misma forma del acorde en el 10mo traste para G menor 7. Una vez más, inicio el lick un tono por debajo de mi segundo dedo (en el 8vo traste) y mágicamente estoy tocando una línea "correcta" para cada conjunto de cambios.

Este concepto se muestra en la **figura y ejemplo de audio 20c**. El acorde que estoy visualizando se muestra por los puntos cuadrados y la primera nota del lick se muestra por el círculo vacío. Este mismo ejemplo luego simplemente se desplaza hasta arriba en el diapasón hacia la posición correcta para el G menor 7.

Toca este ejemplo como se muestra en la **figura y ejemplo de audio 20d**; simplemente estamos traduciendo la misma línea arriba y abajo en el diapasón entre los dos centros tonales. Es más difícil de lo que parece al principio, hasta que puedas visualizar cómodamente tu nota de partida junto con la forma del acorde.

Recuerda, como ya conoces el lick de memoria no tienes que preocuparte por las notas que estás tocando. Sólo deberías estar pensando en dónde comienza el lick.

Cuando te sientas cómodo escoge otro lick que conozcas, pero esta vez comienza desde la **fundamental** del acorde **E menor 7**. Repite el mismo proceso para tocar esa idea sobre los cambios.

Un ejemplo podría ser la **figura y ejemplo de audio 20e**. Visualiza la línea comenzando desde donde el segundo dedo toca la **fundamental** de la forma del acorde.

Ahora viene una parte más difícil: toca la línea de la figura **20a** (a partir de la **b7**) sobre el primer ii V I en D, y luego toca la línea de la figura **20e** (comenzando desde la **fundamental**) sobre el segundo ii V I en F como se muestra en la **figura y ejemplo de audio 20f.**

Ahora estamos tocando dos líneas diferentes sobre dos conjuntos diferentes de cambios. Intenta intercambiar estos licks de forma que empieces la línea desde la **fundamental** en los primeros cambios y luego toca la línea desde la **b7** en la siguiente, como en la **figura y ejemplo de audio 20g.**

Cuando estés satisfecho tocando estas dos líneas agrega una línea desde la b3 del acorde **E menor 7**. Prueba la **figura y ejemplo de audio 20h.**

Recuerda visualizar la línea que empieza a partir de la nota correspondiente en la forma de acorde. Apréndelo de forma aislada sobre cada conjunto de cambios y luego combínalo con uno de los otros licks que aprendiste anteriormente en este capítulo.

Repite este proceso para los licks que comiencen en la **5ta**, y las octavas de la **b7**, la **fundamental**, y la **3ra**. Algunos muy buenos para empezar se muestran en las **figuras y ejemplos de audio 20i - l:**

Imagina que tienes 2 licks para cada tono de arpegio del acorde **E menor 7**; uno ascendente y otro descendente. (Todos los licks de este capítulo han sido intencionalmente ascendentes).

Si puedes visualizar estos licks claramente en el contexto de las formas de acordes, entonces, dondequiera que te muevas en el diagrama del acorde, tienes vocabulario ascendente y descendente desde cada uno de los tonos de acorde. La libertad que tienes ahora para tocar sobre cambios complejos es ilimitada.

Un último punto: cuando practiques esto, tus líneas empezarán a unirse entre sí. Naturalmente vas a combinar líneas, agregar diferentes ritmos y hacer que suenen propias. Este es un punto de referencia en tu desarrollo, así que no seas demasiado estricto tocando los licks de la forma "correcta". Si suena bien, es bueno. Esa es tu única regla.

Has recorrido un largo camino; tu próximo reto es eventualmente aplicar los 20 capítulos de este libro en otra posición de la guitarra. Intenta comenzando con el **E menor 7** en el traste 12 y sigue desde allí. No te preocupes, ¡es mucho más fácil la segunda vez!

Sé social

Únete a más de 10.000 personas que están obteniendo seis lecciones de guitarra gratuitas todos los días en Facebook:

www.facebook.com/FundamentalChangesInGuitar

Otros libros de Fundamental Changes

Guía completa para tocar guitarra blues - Libro 1: Guitarra rítmica

Guía completa para tocar guitarra blues - Libro 2: Fraseo melódico

Guía completa para tocar guitarra blues - Libro 3: Más allá de las pentatónicas

Guía completa para tocar guitarra blues - Compilación

El sistema CAGED y 100 licks para guitarra blues

Cambios fundamentales en guitarra jazz: ii V I mayor

Dominio del ii V menor para guitarra jazz

Solos de jazz blues para guitarra

Escalas de guitarra en contexto

Acordes de guitarra en contexto - Parte 1

Dominio de los acordes en guitarra jazz (Acordes de guitarra en contexto - Parte 2)

Técnica completa para guitarra moderna

Dominio de la guitarra funk

Teoría, técnica y escalas - Compilación completa para guitarra

Dominio de la lectura a primera vista para guitarra

El sistema CAGED y 100 licks para guitarra rock

Guía práctica de la teoría musical moderna para guitarristas

Lecciones de guitarra para principiantes: Guía esencial

Solos en tonos de acorde para guitarra jazz

Guitarra rítmica en el heavy metal

Guitarra líder en el heavy metal

Solos pentatónicos exóticos para guitarra

Continuidad armónica en guitarra jazz

Solos en jazz - Compilación completa

Compilación de acordes para guitarra jazz

Fingerstyle en la guitarra blues

Solos en rock melódico para guitarra

Pop y rock para ukulele: Rasgueo

www.ingramcontent.com/pod-product-compliance
Lightning Source LLC
Chambersburg PA
CBHW081134090426

42737CB00018B/3344